教《きょう》科《か》書《しょ》がよくわかる

つまずきことば 図《ず》解《かい》辞《じ》典《てん》①

監修　田近洵一（東京学芸大学名誉教授）
　　　宮腰　賢（東京学芸大学名誉教授）

WAVE出版

もくじ

コラム

この本《ほん》のとくちょう

●この本《ほん》は、小学《しょうがく》一・二年生《ねんせい》の国語《こくご》の教科書《きょうかしょ》に出《で》てくることばで、みなさんがいみがよくわからないことば（つまずきことば）をあつめて、イラストや図《ず》やしゃしんをつかってわかりやすくせつめいしてあります。

●むかしから食《た》べられていた食《た》べものや、むかしからつかわれていた家《いえ》、正月《しょうがつ》のおかざりについては、はじめの口絵《くちえ》にあつめてせつめいしてあります。

●つまずきことばを、①から⑦までの七しゅるいに分《わ》け、アイウエオじゅんにならべてせつめいしています。ことばをさがすには、いちばんうしろの「さくいん」でしらべましょう。

むかしの主食《しゅしょく》と食《た》べ方《かた》

日本ではむかしから、五こく（大切《たいせつ》な五しゅるいのこくもつ）といわれる、米《こめ》・麦《むぎ》・あわ・ひえ・きび・まめが、*主食《しゅしょく》とされてきました。

えど時《じ》だいからしだいに米《こめ》が多《おお》くなってきましたが、それでも、米《こめ》に麦《むぎ》やひえやいもやだいこんをまぜる「かてめし」や「ぞうすい」、「そば」や「うどん」が中心《ちゅうしん》でした。

今《いま》のように白米《はくまい》（かわなどをとりのぞいた白い米《こめ》）やパンが主食《しゅしょく》となったのは、一九六〇年代《だい》からです。

＊主食《しゅしょく》…毎日《まいにち》の食事《しょくじ》の中心《ちゅうしん》となる食《た》べもの。

あわ

米《こめ》より早くから作《つく》られていて、米《こめ》のようにたいたり、おかゆにしたり、米《こめ》にまぜてたいたりした。

みのったあわ

麦《むぎ》

小麦《こむぎ》はこなにしてうどんやパンにする。大麦《おおむぎ》のみはおしつぶして「おし麦《むぎ》」にし、米《こめ》といっしょにたいて食《た》べる。

おし麦《むぎ》（大麦《おおむぎ》のみ）

米《こめ》

米《こめ》はさいしょは「げん米《まい》(もみがらをとりのぞいただけの黒《くろ》っぽい米《こめ》)だったが、えど時《じ》だいごろから、かわなどをとりのぞいた白米《はくまい》になった。

げん米《まい》(左)と白米《はくまい》

そば

高《たか》い土地《とち》やあれ地《ち》でも作《つく》れる。大むかしはこなをおゆでこねた「そばがき」を食《た》べたが、えど時《じ》だいから、今《いま》のように「めん」にして食《た》べるようになった。

むきそば(からをとりのぞいたそばのみ)

だいず

たんぱくしつやしぼうが多《おお》く、にてたべるほか、とうふ・みそ・しょうゆ・なっとうのげんりょうとなる。あぶらもとる。

だいず

きび

あわににている。おかゆにしたり、だんごやもちにしたりして食《た》べる。

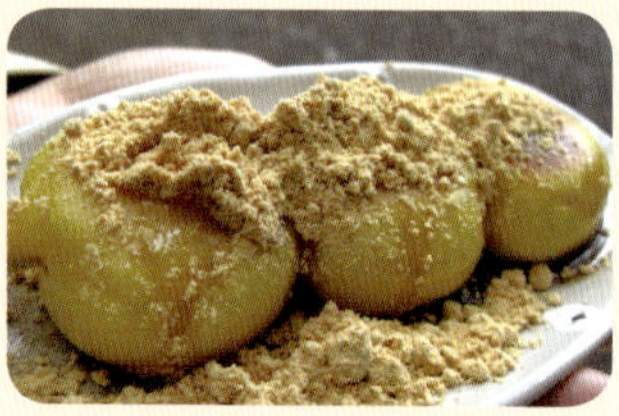

きびだんご

ひえ

ひえはじょうぶでどんな土地《とち》でもみのり、米《こめ》のようにたいたり、おかゆにしたりして食《た》べた。今《いま》は多《おお》く小鳥《ことり》のえさ。

ひえのみ

こくもつを入れる入れもの

ざる

み

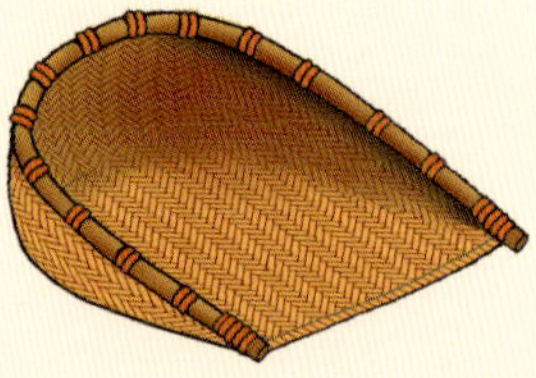

かます

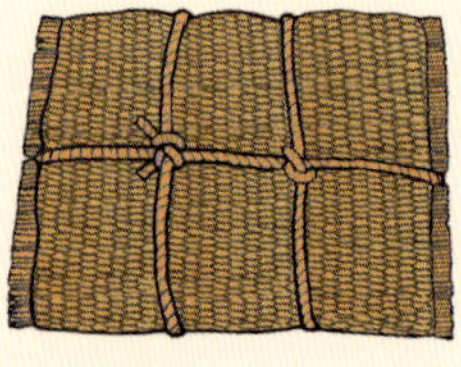

たわら

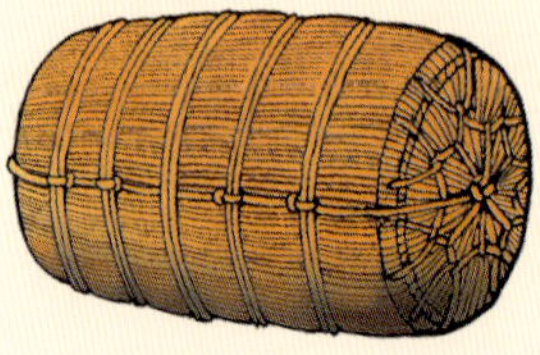

どのようにして食《た》べたのか

米《こめ》・あわ・ひえのように、みをたいてごはんのようにして食《た》べるほか、小麦《こむぎ》・きび・そば・とうもろこしなどは、石うすでひいてこなにして、だんごやもちにしたり、うどんやそばにしたりして食《た》べました。米《こめ》をこなにしてだんごを作《つく》ったり、だいずをひいて「きなこ」にしたりもしました。

そばなどを石うすでひいてこなにします。

いろり

もちつき

うすにふかしたこくもつを入れ、きねでつきます。

かまど

にたきには、地方《ちほう》では「いろり」と「かまど」がつかわれ、1960年だいからかまどだけになっていきました。

合《あ》いどり

もちがよくつけるように、きねをふりおろす間《あいだ》に手におゆをつけてもちをひっくりかえしたり、こねたりすることをいいます。

むかしの家《いえ》

のう村の家《いえ》と町の家《いえ》

今《いま》ではそれほどではありませんが、しょうわ三十年だいまでは、のう家《か》と町の家《いえ》とでは大きくちがっていました。また、地方《ちほう》やしょくぎょうのちがいにより、どくとくの形《かたち》がありました。

のう家《か》はたいてい、のう作《さ》ぎょう用《よう》の土間《どま》（ゆかをはってないところ）があり、いろり（ゆかを四かくに切《き》ってほり下げ、はいを入れて火をもやすところ。にたきをしたり、体《からだ》をあたためたりする）のあるへや、い間《ま》（茶《ちゃ》の間《ま》。家《か》ぞくがふだんすごすへや）とそのおくにざしき（きゃくをもてなすへや）とね間《ま》（しんしつ）となんど（ものおき）がありました。

むかしののう家《か》（大きな家《いえ》のれい）

むかしの町《まち》の家《いえ》（大きな家《いえ》のれい）

おし入れ
ながし
とこの間《ま》
おし入れ
しんしつ
台《だい》どころ
い間《ま》
（茶《ちゃ》の間《ま》）
おくざしき
ざしき
ざしき
ろうか
げんかん

町の家《いえ》は、ふつうの家《いえ》のほか、しょう売《ばい》をする家《いえ》、町工場《まちこうば》をいとなむ家《いえ》、長《なが》や（細長《ほそなが》いひとむねの家《いえ》をいくつかにしきって何《なん》げんもすむもの）、アパートなどがありました。ふつうの家《いえ》には、台《だい》どころのほか、おもに家《か》ぞくがつかう茶《ちゃ》の間《ま》やい間《ま》、きゃく用《よう》のざしきやおうせつ間《ま》がありました。

ながし
かまど
台《だい》どころ
土間《どま》
い間《ま》
（茶《ちゃ》の
げんかん

正月のおかざり

正月には、元日《がんじつ》を中心《ちゅうしん》とする大正月《おおしょうがつ》と、十五日を中心《ちゅうしん》とする小正月《こしょうがつ》があります。

正月にむかえる年神《としがみ》（その年のしあわせをもたらす神《かみ》）は、農作物《のうさくぶつ》のしゅうかくの神《かみ》でもあります。

正月

門《かど》まつ

門口《かどぐち》（家《いえ》の出入り口）やげんかんに立てるかざりのまつ。これに年神《としがみ》さまをむかえます。まつや竹は、冬《ふゆ》でも青々としたはをつけているので長生《ながい》きのしるしとされ、おめでたいものとしてかざられています。

しめかざり

年神《としがみ》さまをむかえるしるしとして、家《いえ》の入り口や神《かみ》だなに、しめかざりをかざります。

かがみもち

年神《としがみ》さまにそなえる大きな丸《まる》いもちです。おめでたいとされる、だいだい・こんぶ・うらじろ・いせえび・ほしがきなどをそえます。

小正月

まゆ玉

小正月《こしょうがつ》にはまゆ玉をかざります。やなぎなどのえだに、もちやだんごやかざりものをたくさんつけたもので、まゆがたくさんとれることやほう作《さく》をねがいます。

❶ ものごとをあらわすことば

むかし、お正月のおもちをつくときにかならずつかった「うす」や「きね」とはどんなものですか。そのときの「合《あ》いどり」というのは、どうすることですか。（これらのせつめいは、口絵《くちえ》にあります。）

夏《なつ》の「さかり」の「さかり」というのは、夏《なつ》のどんなときですか。

「あのよ」というのは、どんなところですか。「しげみ」というのは、どんなところですか。

「親友《しんゆう》」というのは、どんな人ですか。「ていしゅ」というのは、どんな人ですか。

どんな**もの**か、どんな**こと**か、どんな**とき**か、どんな**とこ****ろ**か、どんな**人**かをあらわすのが「ものごとをあらわすことば」です。それらのいみをたしかめましょう。

ことばはアイウエオじゅんにならんでいます。
いちばん上にある「あと一かお」などは、そのページのさいしょとさいごのことばのはじめの２字をしめしています。

後《あと》ずさり 人やどうぶつが、前《まえ》をむいたまま後《うし》ろにさがること。**れい** 山でくまに出会《であ》ったので、そろそろと**後《あと》ずさり**をしてにげた。▼「あとじさり」ともいう。

あのよ 人がしんだあとに行《い》くと考《かんが》えられているせかい。はんたいに「このよ」は、人が今《いま》生きているせかい。

ありか そのものがある場《ば》しょ。**れい** たからの**ありか**を見つけた。▼「場《ば》しょ」の古《ふる》い言《い》い方《かた》。「ありか」の「か」は「すみか」の「か」と同《おな》じで、場《ば》しょのいみ。

一本道《いっぽんみち》 まっすぐにつづく一本の道《みち》。また、とちゅうでわかれることなく、ずっとつづいている道《みち》。**れい** はたけの中につづく**一本道《いっぽんみち》**を歩《ある》く。／えきからわたしの家《いえ》までは、**一本道《いっぽんみち》**だ。

おんがえし 親切《しんせつ》にしてくれたあいてへ、かんしゃの気もちをしめすために、何《なに》かをしてあげること。**れい** 大人《おとな》になったら、おせわになった先生に**おんがえし**をしたい。

かおり ①よいにおい。**れい** ばらの**かおり**をかぐ。②場《ば》しょや時《じ》だい・げいじゅつなどがあらわすよいかんじ。**れい** パリの**かおり**がするようふく。／文化《ぶんか》の**かおり**がするまちなみ。

かくれが 人からかくれてすむ家《いえ》。**れい** はん人の**かくれが**が見つかった。▼「かくれが」の「が」は場《ば》しょのいみ。

かげぼうし 光《ひかり》があたって、地《じ》めんなどにできる、人などのかげ。

かんびょう びょうきの人のせわをすること。**れい** おばあさんが入いんしたとき、家《か》ぞくみんなで**かんびょう**した。

気《き》ぜつ しばらくのあいだ、いしきがなくなること。**れい** スキーで木にぶつかって、**気ぜつ**してしまった。

切《き》りかぶ 木や草を地《じ》めんの近《ちか》くで切《き》ったときに、地めんにのこるぶぶん。**れい** 林を歩《ある》いていたら、**切《き》りかぶ**につまずいてころんでしまった。

くらし 人の生活《せいかつ》。**れい** お姉《ねえ》さんは一人ぐらしをはじめるので、**くらし**にひつようなものを買《か》いそろえた。

けもの道《みち》 山の中などで、どうぶつが通《とお》ることで作《つく》られた細《ほそ》い道《みち》。**れい** **けもの道《みち》**しかないようなふかい山。

このよ →あのよ

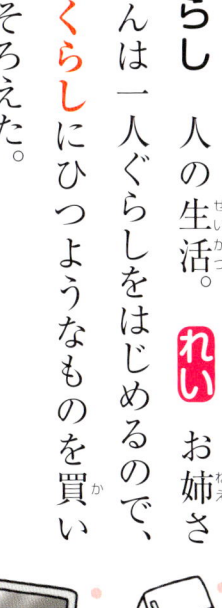

こぶし 手のゆびをかたくにぎった形《かたち》。にぎりこぶし。げんこつ。れい しあいにかったので、**こぶし**をつき上げてよろこんだ。

小道《こみち》 はばのせまい道《みち》。れい 晴《は》れた日に、**小道《こみち》**をさん歩《ぽ》する。

さかもり 人があつまって、さけをのんで楽《たの》しむこと。

さかり いちばんいきおいがあるとき。▼「花のさかり」は、花がきれいにさいたとき。「夏《なつ》のさかり」は、夏《なつ》のいちばんあついとき。

ささえ ①たおれないようにおさえつけること。また、そのようにするもの。れい うえたばかりの木に**ささえ**をしてやる。②今《いま》よりわるくならないようにしてやること。また、そのようにしてやるもの。れい 友《とも》だちの心《こころ》の**ささえ**となる。

しげみ 小さい木や大きい草がたくさん生えているところ。れい かくれんぼで、**しげみ**にかくれた。

しずく ぽたりとたれる水のつぶ。れい 水道《すいどう》のじゃ口から**しずく**がたれる。

地《じ》ひびき おもいものがおちたり、大きな車が通《とお》ったりしたときなどに、その音が地《じ》めんをつたわってひびくこと。また、その音。

しぶき 風《かぜ》にふかれたり、ものに当《あ》たったりして空中にとびちる小さな水のつぶ。れい 水**しぶき**が顔《かお》に当《あ》たる。

四方八方《しほうはっぽう》 あらゆる方《ほう》こう。また、あらゆる方《ほう》めん。れい てきに**四方八方《しほうはっぽう》**をとりかこまれる。

しまい いままでやっていたことがおわること。さいご。れい ぐずっていた妹《いもうと》は、**しまい**にはなきだした。

知《し》らんふり 知《し》っているのに、知《し》らないようすをすること。知《し》らんぷり。れい 友《とも》だちに声《こえ》をかけたが、**知《し》らんふり**をされた。

親友《しんゆう》 とくになかよくしている友《とも》だち。心《こころ》からしんじあえる友《とも》だち。

すみか すんでいるところ。すまい。▼どうぶつやよくないもののすむところをいうことが多《おお》い。れい このあたりの山はくまの**すみか**だ。／おにの**すみか**。

▼→ありか

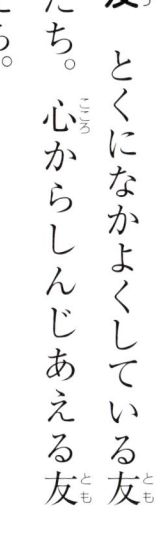

せかい　ちきゅうぜんたい。また、ある同《おな》じしゅるいのあつまり。また、その中。**れい** せかい一しゅうりょこう。／わかもののせかいではゆう名な人だ。

たいじ　わるいものをやっつけること。**れい** がい虫をたいじする。

ちりょう　びょうきやけがをなおすこと。また、そのためのほうほう。**れい** ちりょうをうける。

つがい　二つでひと組《くみ》になったもの。とくに、どうぶつのおすとめすのひと組《くみ》。**れい** かぶと虫をつがいでかう。

つぎはぎ　①ちがうぬのをぬいあわせたり、つなぎあわせたりすること。②人の書《か》いたものをよせあつめて文しょうをつくること。

作《つく》り　作《つく》ること。また、作《つく》られたものの形《かたち》やしくみ、組《く》み立《た》てのようすなど。**れい** しろうとの作《つく》りなので形《かたち》がわるい。／この家《いえ》は作《つく》りがしっかりしている。

つつみ　ふろしきや紙《かみ》などでつつんだもの。**れい** おみやげのつつみを開《あ》けてみる。

つばさ　鳥《とり》の羽《はね》。また、ひこうきの羽《はね》。

つむじ風《かぜ》 ぐるぐると小さくうずをまく強《つよ》い風《かぜ》。

つらら 水のしずくがこおって、とがったぼうのようにたれさがったもの。

ていしゅ その家《いえ》のしゅじん（家《いえ》をだいひょうする人）。

電《てん》ぽう 文字やふごうを電《でん》気《き》しんごうにかえて、じょうほうをおくったりうけとったりする、おおやけのしくみ。また、その文しょう。

年《とし》こし その年をおくって、新年《しんねん》をむかえること。また、おおみその夜《よる》。

コラム 大男《おおおとこ》・大なきの「おお」

「大男」は、大きな男。「大なみ」は、大きいなみ。「大雨」は、たくさんふる雨。「大風《おおかぜ》」は、ひじょうにはげしくふく風《かぜ》。「大人数《おおにんずう》」は、たくさんの人数《にんずう》。

「大さわぎ」は、たいへんうるさくさわぐこと。「大よろこび」は、たいへんうれしそうによろこぶこと。「大なき」は、大きな声《こえ》を出して、たいへんはげしくなくこと。

「大いそがし」は、たいへんいそがしいようす。「大にぎわい」は、たいへんにぎやかになるようす。

▼「おお」は、「大きい・大きな」「たくさん」「たいへん・とても」などのいみをつけくわえます。

ぬま 水がしぜんにたまった大きな水たまり。▼みずうみよりも小さくてあさいもので、人が作《つく》ったものはいわない。

はたらき ①体《からだ》やきかいやよの中のしくみなどにそなわっている力。また、その力をあらわすこと。れい ねぶそくで、頭《あたま》の**はたらき**がわるい。／きゅうきゅう車やしょうぼう車の**はたらき**をしらべる。②しごと。また、しごとでえるお金。れい 学校をそつぎょうして**はたらき**に出る。／お兄《にい》さんはまだわかいので、**はたらき**が少《すく》ない。

ひめい こわいものに出会《であ》ったときや、おどろいたときなどに出す、大きな声《こえ》。さけび声《ごえ》。れい 家《いえ》の外《そと》から女の人の**ひめい**が聞《き》こえた。

ぼうけん せいこうするかどうかわからないことやきけんなことを、やってやろうとけっ心《しん》して行《おこな》うこと。

ほとり 川や池《いけ》・みずうみなど、水のあるところのそば。れい みずうみの**ほとり**に、小さなレストランがある。

ほのお ものがもえるときに出る火の先。れい 石ゆストーブが、**ほのお**を上げてもえている。

水《みず》ぎわ 川や海《うみ》やみずうみの、水とりくとの間《あいだ》のところ。水べ。

みの回《まわ》り 体《からだ》の回《まわ》りのいみから、ふだんの生活《せいかつ》にひつようなことがらのこと。**れい** お母《かあ》さんは、おばあさんの**みの回《まわ》り**のせわをしている。▼「みの回《まわ》りのしな」は、ふだんの生活《せいかつ》にひつようなきるもの・はきもの・もちものなど。

みぶり 体《からだ》のうごきで、気もちや考《かんが》えをあらわすこと。また、そのうごき。**れい** **みぶり**をまじえて話《はな》すと、話《はなし》がつたわりやすい。▼「みぶり手ぶり」ともいう。

むれ どうぶつや人がたくさんあつまっていること。また、そのあつまり。**れい** 草原《そうげん》に野生《やせい》の馬《うま》の**むれ**がいる。

名《めい》あん だれもがかんしんするような、よい思《おも》いつき。**れい** **名《めい》あん**がうかぶ。

もち場《ば》 その人がうけもってはたらく場《ば》しょ。また、そのしごと。たんとうの場《ば》しょ。たんとうのしごと。**れい** うんどう会《かい》のかかりの人が**もち場《ば》**につく。／自《じ》分《ぶん》の**もち場《ば》**にせきにんをもつ。

きゅうしょくがかり
こくばんがかり
しいくがかり

もほう もともとあるもののやできあがったもののまねをすること。**れい** うんどう会《かい》のポスターは、**もほう**ではなく、自分《じぶん》たちで考《かんが》えて作《つく》ろう。

○○えほん
うんどう会

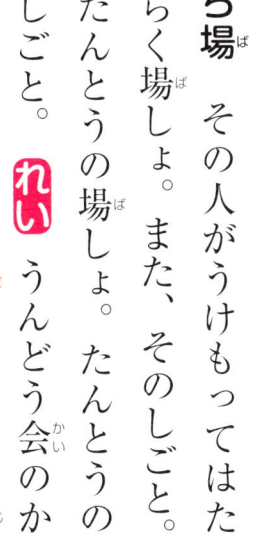

わけ

①そのことばがあらわすいみや、ものごとのないよう。**れい** むずかしいことばの**わけ**をしらべる。②どうしてそうなったのか、ということ。りゆう。**れい**「どうしてないているのか、**わけ**を話《はな》してごらん。」③けっかがとうぜんであるということ。**れい** そんなへんなかっこうをしていたら、人にわらわれる**わけ**だ。④「「わけに（は）いかない」の形《かたち》で」「できない」といういみをあらわす。**れい** そんなことはみとめる**わけ**にはいかない。⑤「「わけがない」の形《かたち》で」「そんなことは考《かんが》えられない」といういみをあらわす。**れい** おとなしいまりさんがそんなことをする**わけ**がない。

コラム　おいてきぼり

「おいてきぼり」の「ぼり」というのは、もとは「ほり」です。「ほり」は、地《じ》めんを細長《ほそなが》くほって、池《いけ》のように水をためてあるところです。

「おいてきぼり」は、魚《さかな》つりをしていて、日がくれるころに帰《かえ》ろうとすると、どこからか「おいてけ。おいてけ。」という声《こえ》が聞こえるという言《い》いつたえのあるところです。

そこでもとは「おいてけぼり」といいました。つりをしていた人は、おそろしくなって、つった魚《さかな》をおいて帰《かえ》ったそうです。

このことから、いっしょにいた人をのこしたまま行《い》ってしまうことを「おいてきぼりにする」というようになりました。

「つかれたからここで休んでいくわ。」
「じゃあ、先に行《い》くよ。」
「**おいてきぼり**にしないでよ。」

❷ うごきをあらわすことば

「日の光《ひかり》をあびる」というときの「あびる」というのは、どうすることですか。「木かげにうずくまる」の「うずくまる」というのは、どうすることですか。

「かきのみがじゅくす」というときの「じゅくす」というのは、どうなることですか。「コップをかたむける」の「かたむける」というのは、どうなることですか。

「どうすることか」「どうなることか」、うごきをあらわすことばのいみをたしかめましょう。

ことばはアイウエオじゅんにならんでいます。
いちばん上にある「あびーうも」などは、そのページのさいしょとさいごのことばのはじめの２字をしめしています。

あびる

①水やおゆを体《からだ》ぜんたいにかける。**れい** あせをかいたので、シャワーを**あびる**。②体《からだ》ぜんたいにうける。**れい** 朝《あさ》の光《ひかり》を**あびる**。／ほこりを**あびる**。／みんなのはく手を**あびる**。

いただく

①頭《あたま》にのせる。**れい** ちょう上に雪《ゆき》を**いただく**ふじ山。②「もらう」のていねいな言《い》い方《かた》。**れい** 先生から手紙《てがみ》を**いただく**。③「たべる・のむ」のていねいな言《い》い方《かた》。**れい** 友《とも》だちの家《いえ》で、たんじょう日いわいのごちそうを**いただい**た。

うずくまる

体《からだ》を丸《まる》めてしゃがむ。**れい** 山のぼりのとちゅうでつかれて、道《みち》ばたに**うずくまっ**た。

うたぐる

①あやしいと思《おも》い、本当《ほんとう》のことかどうかを考《かんが》える。**れい** さとしくんの言《い》ったことが正しいかどうか**うたぐる**。②そうではないかと思《おも》う。**れい** はん人ではないかと**うたぐら**れる。▼「うたがう」と同《おな》じいみ。

うなずく

わかったということをあらわすために、頭《あたま》をかるく前《ぜん》後《ご》にふる。**れい** 弟《おとうと》は、おじいさんの話《はなし》を「うん、うん。」と**うなずき**ながら聞《き》いていた。

うもれる

①上にものがおおいかぶさって、見えなくなる。**れい** 大雪《おおゆき》で、道《みち》が**うもれ**てしまった。②さいのうやかちが、よの中に知《し》られないでいる。わすれられる。**れい** **うもれ**た人ざい（さいのうのある人）をさがす。▼「うずもれる」ともいう。

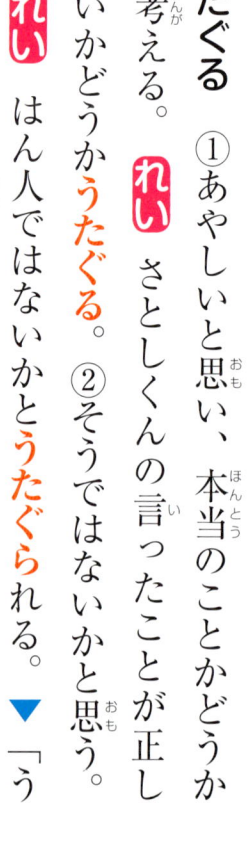

かたむける ①ななめにする。かしげる。**れい** コップを**かたむけ**て水をのむ。②力やちゅういを、そのことだけにしゅうちゅうさせる。**れい** お兄《にい》さんは、サッカーのれんしゅうに力を**かたむけ**ている。

くらす ねたりおきたり、ごはんを食《た》べたり、しごとをしたりして、一日一日を生きていく。**れい** 家《か》ぞくといっしょに**くらす**。／一生しあわせに**くらし**た。

くる ①長《なが》くつづいたものを、ぐるぐるとまきとる。たぐる。**れい** まゆから糸を**くる**。②じゅん番《ばん》にうごかしていく。**れい** 雨戸《あまど》を**くる**。③じゅんに本のページをめくる。**れい** 本を**くる**。▼「来《く》る」とはべつの語《ご》。

こらえる つらいことやくるしいことをがまんして、その気もちを外《そと》にあらわさない。**れい** ぼくは、足のいたみを**こらえ**てしあいに出つづけた。

こらしめる わるいことをした人にばつをあたえて、二どとしないようにさせる。**れい** あく（わるいおこないをした人）を**こらしめる**。

ささやく 小さな声《こえ》で話《はな》す。**れい** ないしょ話《ばなし》を耳元《みみもと》で**ささやく**。

さずかる 大切《たいせつ》なものをあたえられる。▼とくに、子どもが生まれることをいう。**れい** わかいふうふが、はじめて子どもを**さずかっ**た。

さらう ①川や池《いけ》やいどなどのそこにたまったすななどをとりのぞく。また、入れものの中のものをすっかりとりさる。**れい** ため池《いけ》を**さらう**。／なべを**さらって**きれいにする。②きゅうにもっていってしまう。**れい** なみに**さらわ**れる。／ゆうしょうを**さらう**。③ふくしゅうする。**れい** ピアノを**さらう**。

したなめずりする したを出して口のまわりをなめる。また、ほしいものが手に入ると強《つよ》くきたいして、まちかまえる。**れい** おおかみは、えもののうさぎを見つけて**したなめずりし**た。

しぼむ ふくらんでいたものや開《ひら》いていたものが、小さくなったりとじたりする。いきおいがなくなる。**れい** 風船《ふうせん》が**しぼむ**。／チューリップの花が**しぼむ**。／ゆめが**しぼん**だ。

じゅくす ①木のみ・くだものなどが、じゅうぶんにみのって、食《た》べごろになる。**れい** もものみが**じゅくす**。②何《なに》かをするのに、ちょうどよいときになる。**れい** 機《き》（よいとき）が**じゅくす**（何《なに》かをするのにちょうどよいときになる）。

しょう

①にもつや人をせなかにのせる。**れい** おもいにもつを**しょう**。②たいへんなしごとやせきにんを引《ひ》きうける。**れい** せきにんを**しょって**はたらく。▼「せおう」のべつの言《い》い方《かた》。

そうぞうする

じっさいには見えないものを、あれこれ頭《あたま》の中で考《かんが》えてみる。**れい** 自分《じぶん》のみらいを**そうぞうして**みる。／ものがたりのつづきを**そうぞうする**。

ちぎれる

外《そと》からの力によって、もののいちぶが切《き》れてはなれる。また、切《き》れてばらばらになる。**れい** ボタンが**ちぎれる**。／紙《かみ》が細《こま》かく**ちぎれた**。

つむぐ

まゆやわたから細《ほそ》いせんいを引《ひ》き出し、よって一本の糸にする。

ぬぐう

①体《からだ》やものの外《そと》がわについた水やよごれをふきとる。**れい** なみだを**ぬぐう**。／あせを**ぬぐう**。②自分《じぶん》にとってよくないものをすっかりなくす。**れい** ピアノのはっぴょう会《かい》の前《まえ》は、いつもふあんを**ぬぐう**ことができない。

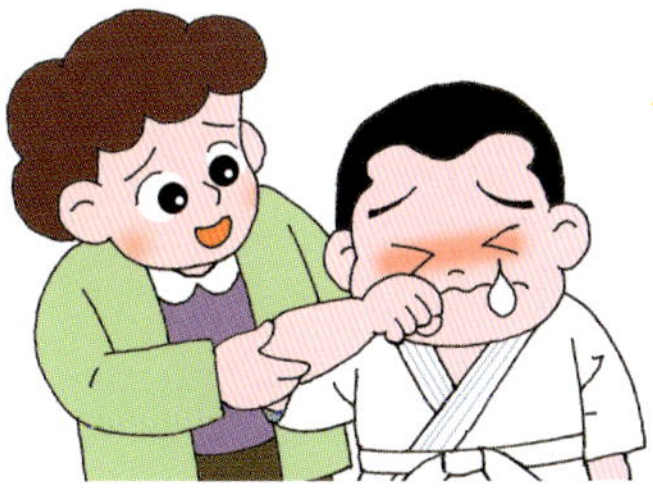

引《ひ》かれる

すばらしいものや気に入ったものごとに、心《こころ》や気もちが引《ひ》きつけられる。**れい** かのじょのやさしさに**引《ひ》かれる**。

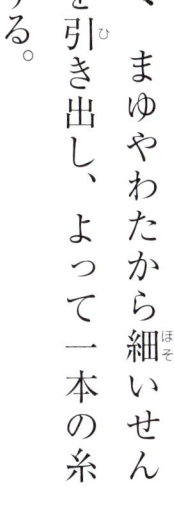

広《ひろ》がる ①めんせきやはんい、きぼやはんいなどが大きくなる。また、広々《ひろびろ》と見える。**れい** 家《いえ》の前《まえ》の道《みち》が**広《ひろ》がっ**た。／うわさが**広《ひろ》がっ**た。／目の前《まえ》に一めんの雪《ゆき》げしきが**広《ひろ》がっ**ている。②とじたりたたんであったりしたものがひらく。**れい** 風《かぜ》でスカートが**広《ひろ》がっ**た。

みちる ①いっぱいになる。**れい** ダムに水が**みち**ている。／やる気に**みち**ている。②かけたところのない、丸《まる》い形《かたち》になる。▼「月がみちる」で、まん月になる。③まんちょうになる。**れい** 海《うみ》のしおが**みち**てくる。

もがく ①くるしさからのがれるために、手足や体《からだ》をやたらにうごかす。**れい** プールでおぼれそうになって、ひっしに**もがい**た。②もんだいを何《なん》とかかいけつしようと、あせってあれこれやってみる。**れい** しけんの前《まえ》に今《いま》さら**もがい**ても手おくれだ。

もてなす おきゃくさんに、ごちそうをするなど、心《こころ》をこめてあいてをする。**れい** お母《かあ》さんは、手作《てづく》りのりょうりでおきゃくさんを**もてなし**た。

休《やす》む ①うごきを止《と》めて、体《からだ》を楽《らく》にする。**れい** つかれたので、ちょっと**休《やす》も**う。②ねる。**れい** おそいからもう**休《やす》み**なさい。③つづけていたことをいちじやめる。**れい** しごとを**休《やす》む**。／れんしゅうを**休《やす》む**。

❸ むすびつけてつかううごきのことば

「風《かぜ》がふく」の「ふく」と「天気があれる」の「あれる」をつなげて「ふきあれる」というと、「はげしくふく」いみになります。

大声《おおごえ》でさけぶいみの「わめく」とばらばらにするいみの「ちらす」をつなげて「わめきちらす」というと、「わめいてちらす」いみにはなりません。「大声《おおごえ》でさわぎまくる」といういみになります。

「**どうする**ことか」「**どうなる**ことか」、むすびつけてつかううごきのことばのいみをたしかめましょう。

ことばはアイウエオじゅんにならんでいます。
いちばん上にある「**いい－おい**」などは、そのページのさいしょとさいごのことばのはじめの２字をしめしています。

言《い》いかえす ちゅういされたりからかわれたりしたときに、言《い》われた人がまけずにあいてに言《い》う。また、あいてのことばに答《こた》える。くりかえして言《い》う。 **れい** お兄《にい》さんがぼくを「ちびちゃん」とからかったので、ぼくも「のっぽさん」と**言《い》いかえした**。／「おはよう」という友《とも》だちのあいさつに、わたしも「おはよう」と**言《い》いかえした**。／すきな詩《し》をおぼえるために、なんども**言《い》いかえした**。▼「かえす」は、あいてにされたのと同《おな》じことを、あいてにたいしてする。

いかりくるう ほかの人がどうしようもないほど、はげしくおこる。 **れい** お母《かあ》さんが、わたしのだいじにしていた本をすててしまったので、**いかりくるった**。▼「くるう」は、むちゅうになってする。

いころす 弓《ゆみ》やてっぽうで、鳥《とり》やけものや人をうちころす。 **れい** 村におりてきて人をおそったくまを、てっぽうで**いころした**。▼「い」の元《もと》の形《かたち》は「いる」で、弓《ゆみ》の矢《や》やてっぽうのたまをもくてきのものに当《あ》てる。

うちのめす あいてが立ち上がれなくなるほど、はげしくやっつける。 **れい** 王さまは、自分《じぶん》にさからった家来《けらい》にはらを立て、「**うちのめせ**」とめいれいした。▼「のめす」は、どこまでもやりぬく。

おい出《だ》す 人などをその場《ば》しょからむりに外《そと》に出す。おいはらう。 **れい** はたけの野《や》さいを食《た》べ

てしまうさるを、村からおい出して山へ帰《かえ》した。／そうじをするお母《かあ》さんにへやからおい出された。▼「おい」の元《もと》の形《かたち》は「おう」で、むりにその場《ば》しょから外《そと》に出す。

おしつぶす

強《つよ》くおしてひらたくぺちゃんこにする。**れい** がけからおちてきた大きな石で、車が**おしつぶされた**。▼「おし」の元《もと》の形《かたち》は「おす」で、力を加《くわ》える。

かけ回《まわ》る

あちこち走《はし》り回《まわ》る。**れい** 雪《ゆき》がふってきたら、弟《おとうと》はよろこんでにわを**かけ回《まわ》って**いる。／妹《いもうと》が見えなくなったので、うちのまわりを**かけ回《まわ》って**さがした。▼「かけ」の元《もと》の形《かたち》は「かける」で、走《はし》る。

かみ切《き》る

はでかんで切《き》る。食《く》い切《き》る。**れい** ねずみは太《ふと》いなわでも**かみ切《き》って**しまう。／お父《とう》さんははがじょうぶなので、かたいするめも**かみ切《き》る**ことができる。▼「かみ」の元《もと》の形《かたち》は「かむ」で、上下のはでものをはさんで、くだいたり切《き》ったりする。

聞《き》きとる

①音や声《こえ》などをはっきりと聞《き》く。**れい** 夜《よる》になると、遠《とお》くの電車《でんしゃ》の音を**聞《き》きとる**ことができる。②聞《き》いてよくわかる。**れい** まわりがうるさいので、話《はなし》をよく**聞《き》きとる**ことができない。▼「とる」は、自分《じぶん》のものにする。

くりかえす 同《おな》じことをなんどもする。**れい** かん字書《か》きとりのれんしゅうを**くりかえす**。▼「くり」の元《もと》の形《かたち》は「くる」で、つぎつぎにする。「かえす」は、同《おな》じどうさをもういちどする。

こきつかう くたくたになるまではたらかせる。**れい** わるい母《はは》親《おや》は、シンデレラを毎日《まいにち》**こきつかった**。▼「こき」の元《もと》の形《かたち》は「こく」で、むりやり何《なに》かをさせる。

ころげ回《まわ》る あちらこちらにころがって、うごき回《まわ》る。**れい** うちの犬は、ぼくを見ると**ころげ回《まわ》って**よろこぶ。▼「ころげ(る)」は「ころがる」と同《おな》じ。

さわぎ立《た》てる さかんにさわぐ。大さわぎをする。**れい** となりのせきの人がさいふがないと**さわぎ立て**ていたけれど、いすの下におちていた。▼「立てる」は、さかんに何《なに》かをする。

すりよせる 体《からだ》がくっつくほど、すぐ近《ちか》くによる。すりよる。**れい** うちのねこは、わたしが家《いえ》に帰《かえ》ると体《からだ》を**すりよせて**くる。▼「すり」の元《もと》の形《かたち》は「する」で、あるものにほかのものをおしつけてうごかす。

だきかかえる うでをまわして、だくようにしてかかえもつ。**れい** 足にけがをした弟《おとうと》を**だきかかえ**て家《いえ》に帰《かえ》った。

たたきおこす 体《からだ》を強《つよ》くゆすったり、戸《と》を外《そと》からたたいたりして、ねむっている人をむりやりにおこす。**れい** 近《きん》じょの家《いえ》が火じになったので、ねむっている家《か》ぞくをたたきおこした。

立《た》ちふさがる 前《まえ》に立って通《とお》れないようにする。また、何《なに》かをするじゃまをする。**れい** 山道《やまみち》にたおれた木が立ちふさがっていて、通《とお》りにくかった。／計画《けいかく》をかんせいするのに、まだ色々《いろいろ》なもんだいが立ちふさがっている。▼「ふさがる」は、じゃまをされて通《とお》れなくなる。

たどりつく 道《みち》をたしかめたり、むりをしたりして、やっと目当《めあ》てのところにつく。また、色々《いろいろ》なさまたげをのりこえて、もくてきに行《い》きつく。**れい** ようやく、山のちょう上にたどりついた。／長《なが》いぎろんのすえ、やっとけつろんにたどりつく。▼「たどり」の元《もと》の形《かたち》は「たどる」で、道《みち》や川にそって目《め》当《あ》てのところへすすんでいく。

つかみかかる あいてに、はげしいいきおいで組《く》みついていく。おそいかかる。**れい** 友《とも》だちに言《い》われたことばにはらが立って、思《おも》わずつかみかかった。▼「つかみ」の元《もと》の形《かたち》は「つかむ」で、手でしっかりにぎってもつ。「かかる」は、そのどうさにうつる。

つみとる 木や草のめやみを、ゆびの先でつまんでとる。また、これから大きくなろうとしているものごとを、小さいうちにとりのぞく。**れい** たらのきのめをつみとる。／くだものを大きくそだてるために、よぶんなみをつみとる。

／さいのうのあるわかい人のめを**つみとら**ないように、大人《おとな》の人は気をつけたい。▼「つみ」の元《もと》の形《かたち》は「つむ」で、ゆび先でつまんでとる。

どなりちらす　あたりかまわず大きな声《こえ》を上げる。やたらに大声《おおごえ》でしかる。れい 弟《おとうと》はおこりっぽくて、気に入らないことがあると**どなりちらす**。▼「ちらす」は、あらあらしくする。また、やたらにする。

とび交《か》う　あちらへ行《い》ったりこちらへ来《き》たり、たくさんのものが入りみだれてとぶ。れい 船《ふね》のまわりをかもめが**とび交《か》っ**ている。／やみの中をほたるが**とび交《か》う**。／わるいうわさが**とび交《か》っ**た。▼「交《か》う」は入りみだれる。

とびちる　とんであちこちにちらばる。れい 天ぷらをあげると、まわりにあぶらが**とびちる**。／木をかんなでけずると、木くずが**とびちる**。／水しぶきが**とびちる**。▼「ちる」は、ばらばらになってあちこちに行《い》く。

のたうち回《まわ》る　くるしんでころげまわる。れい おなかがいたくて**のたうち回《まわ》っ**てくるしむ。▼「のたうち（→のたうつ）」の元《もと》のことばは「ぬたうつ」。「ぬた」はどろのことで、いのししが草やどろの中をころがって、体《からだ》にどろをつけるようすから。

はねおきる　はねるようにして、いきおいよくとびおきる。れい ねすごしてしまい「ちこくだ！」とさけんで**はねおき**た。

引《ひ》きしぼる 矢《や》を弓《ゆみ》のつるにあてて、十分に引《ひ》っぱる。
れい 遠《とお》くのまとをねらって、弓《ゆみ》を引《ひ》きしぼった。▼「しぼる」は、矢《や》を弓《ゆみ》のつるにあてて十分に引《ひ》く。

引《ひ》きつれる いっしょにつれて行《い》く。したがえて行《い》く。れい かるがものお母《かあ》さんが、池《いけ》をめざして、ひなを引《ひ》きつれて道《みち》をわたって行《い》く。▼「引《ひ》き」は、自《じ》分《ぶん》についてくるようにする。

ふきあれる 風《かぜ》がひじょうにはげしくふく。ふきすさぶ。
れい 台風《たいふう》で、大きな木がたおれるほど風《かぜ》がふきあれる。／あらしがふきあれて、たくさんのたてものがこわれた。▼「ふき」は風《かぜ》がふく。「あれる」は、ひどいじょうたいになる。はげしくなる。

ふりみだす はげしくうごいて、かみの毛《け》などをばらばらにする。▼「ふり」は、いきおいよく。

まきちらす あたりいちめんにちらばるようにまく。れい コピーきに用紙《ようし》を入れようとして、あたりにまきちらしてしまった。

見《み》合《あ》わせる ①おたがいに、あい手の目や顔《かお》を見る。れい あい手がどう思《おも》っているのか、顔《かお》を見《み》合《あ》わせた。②するのをやめて、ようすを見る。れい 台風《たいふう》が来《く》るというので、外出《がいしゅつ》は見《み》合《あ》わせた。

見《み》せびらかす もちものなどを、とくいになって人に見せる。
れい 買《か》ってもらったゲームを、友《とも》だちに見せびらかした。

むしりとる むりに、ひきちぎるようにしてとる。 **れい** ざっ草《そう》を**むしりとる**。▼「むしり」の元《もと》の形《かたち》は「むしる」で、生えているものをひきぬく。

ゆりうごかす ①ゆすってうごかす。ゆさぶる。 **れい** 赤ちゃんをねかせるために、ゆりかごを**ゆりうごかす**。②心《こころ》をうごかす。 **れい** 人の心《こころ》を**ゆりうごかす**話《はなし》。▼「ゆり」の元《もと》の形《かたち》は「ゆる」で、ゆすぶるいみ。

よりあつまる 人やものがあちこちから一つのところにあつまってくる。 **れい** おまつりになると、人々がこの町に**よりあつまる**。▼「より」の元《もと》の形《かたち》は「よる」。一かしょにあつまるいみ。

弱《よわ》りはてる ①たいへん弱《よわ》くなる。 **れい** びょう気で体《からだ》が**弱《よわ》りはてる**。②たいへんこまる。 **れい** 電車《でんしゃ》ちんをおとしてしまい、**弱《よわ》りはて**た。▼「はてる」は、すっかり…する。

わめきちらす さかんに大声《おおごえ》でさわぎまくる。 **れい** ほしいものが買《か》ってもらえないので、弟《おとうと》が**わめきちらし**た。▼「ちらす」は、さかんに…する。

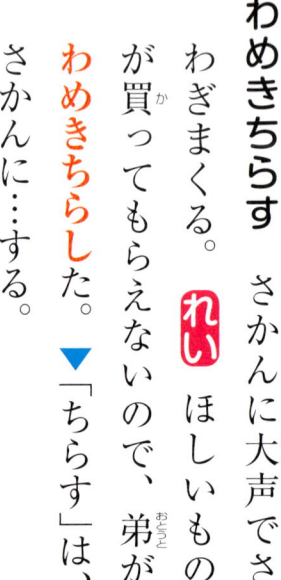

④ 気もちやようすをあらわすことば

「よろこびいさんで走《はし》っていく」の「よろこびいさんで」というのは、走《はし》っていくときのどんな気もちですか。「けたたましい音を出す」の「けたたましい」というのは、音のどんなようすですか。「あしたは遠足《えんそく》でわくわくする」の「わくわくする」というのは、どんな気もちですか。「木がこんもりしげる」の「こんもり」、「まじまじと見つめる」の「まじまじと」、「日がとっぷりくれる」の「とっぷり」は、どんなようすですか。

「どんな気もちか」「どんなようすか」、気もちやようすをあらわすことばのいみをたしかめましょう。

ことばはアイウエオじゅんにならんでいます。
いちばん上にある「あかーいき」などは、そのページのさいしょとさいごのことばのはじめの２字をしめしています。

赤《あか》はだか　体《からだ》にふくやしたぎなどを何《なに》もつけていないこと。まるはだか。また、毛《け》をむしられたどうぶつのこともいう。

れい　ももたろうは、ももの中から**赤《あか》はだか**で生まれてきた。▼この「赤」は色《いろ》ではなく、「目立ってだれにもわかる」といういみ。

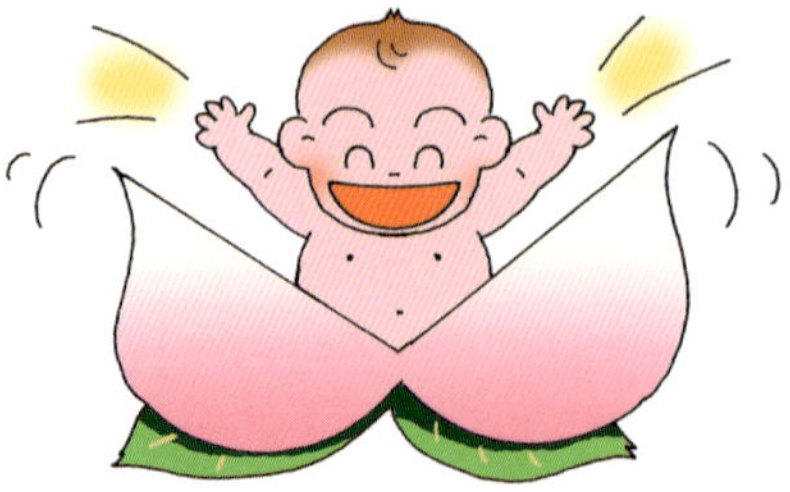

あきあきする　すっかりあきていやになる。**れい**　お母《かあ》さんは、さっきから同《おな》じ話《はなし》ばかりしていて、わたしは**あきあきし**た。

あっという間《ま》（に）　「あっ」と声《こえ》を出すほどのみじかい間《あいだ》に。**れい**　サッカーのしあいで、**あっという間《ま》に**三点《てん》もとられてしまった。

あわよくば　うまくいったら。うまくゆけば。**れい**　市《し》のすもう大会《たいかい》で、ぼくの学校は十人中八人までかったので、**あわよくば**ぜんしょうもねらえると思《おも》ったけれど、さいごの一人がまけてしまった。▼「あわ」は「あわい（間）」で、つごうのこと。

いきおいよく　ものごとのうごきに力がこもっていて、はやいようす。うごきがたいへんはやいようす。**れい**　うちの犬のタローは、お父《とう》さんが帰《かえ》ってくると、**いきおいよく**げんかんまで走《はし》って出むかえる。

いさましい　何《なに》もおそれない強《つよ》いようす。いきおいが強《つよ》く活《かっ》ぱつなようす。**れい** ゆう気を出して強《つよ》いてきと**いさましく**たたかった。／うんどう会《かい》で、**いさましい**行《こう》しんきょくがながれた。

いそいそと　これからすることが本当《ほんとう》に楽《たの》しそうで、どうさがいきいきしているようす。**れい** お母《かあ》さんとお姉《ねえ》さんは、ミュージカルを見に、**いそいそと**出かけていった。

いちめんに　ある場《ば》しょぜん体《たい》に広《ひろ》がっているようす。どこもかしこもぜんぶ。**れい** あたり**いちめんに**なの花がさいて、黄色《きいろ》いせかいになっていた。

いちもくさんに　よそ見もしないで走《はし》るようす。まっしぐら。**れい** 家《いえ》が見えてくると、妹《いもうと》は**いちもくさんに**走《はし》り出した。

いまいましい　おもしろくないことがあって、いやな気分《きぶん》であるようす。しゃくにさわる。はらだたしい。**れい** ぼくはわるいと思《おも》っていないので、なかなおりをするためにあやまるなんて、**いまいましい**。

色《いろ》とりどり　いろいろな明《あか》るい色《いろ》があって、はなやかなようす。また、いろいろなしゅるいがあること。**れい** 町を歩《ある》いていると、**色《いろ》とりどり**のふくをきた人に出会《であ》う。／野原《のはら》には**色《いろ》とりどり**の花がさいていた。

うっとり ものごとのすばらしさや気もちよさに、心《こころ》がぼうっとなっているようす。**れい** 女の子は、かがみにうつったドレスすがたの自分《じぶん》に、**うっとり**見とれていた。／すばらしいピアノのえんそうに**うっとり**聞《き》きほれる。

うらめしそうに うらみたい気もちをもっているようす。**れい** おなかのすいている犬は、パンを食《た》べている子どもを**うらめしそうに**見ていた。

おいおい 大きな声《こえ》を出してはげしくなくようす。わんわん。**れい** まいごになった妹《いもうと》は、見つけてもらったお母《かあ》さんにだきついて**おいおい**ないた。

おいてきぼり 人を見すてて、立ちさること。おいてけぼり。**れい** 友《とも》だちとのやくそくの時《じ》間《かん》に少《すこ》しおくれたら、**おいてきぼり**にされた。↓18ページ「コラム」

おそろしい ①わるいことがおこりそうで、さけたいと思《おも》うようす。**れい** 国《くに》どうしがなかよくしないと、何《なに》か**おそろしい**ことがおこるような気がする。②ていどがはげしい。**れい** **おそろしく**あつい日だ。

思《おも》わず そうしようと思《おも》ったわけではないのに、そのようにしてしまったようす。むいしきに。**れい** 道《どう》ろで、ねこが車にぶつかりそうになったので、**思《おも》わず**大きな声《こえ》を出した。

がぶりと　大きな口をあけて、いきおいよく食《く》いついたりのみこんだりするようす。**れい**　わたしは大きなケーキに**がぶりと**食《く》いついた。／犬がぼくの足に**がぶりと**かみついた。

気《き》のどく　かわいそうだと思《おも》ってとても心《しん》ぱいするようす。**れい**　かれは体《からだ》が弱《よわ》くて**気のどく**だ。／あの子をなかまに入れてあげなくて、**気のどく**なことをした。

きりっと　強《つよ》く引《ひ》きしまっていて、しっかりしているようす。**れい**　うんどうをつづけたおかげで、体《からだ》が**きりっと**している。／**きりっと**したたいどでみんなにごうれいをかける。

コラム

音まねことば

犬は「ワンワン」とほえます。ねこは「ニャーニャー」と鳴《な》きます。「ワンワン」は犬のほえる声《こえ》、「ニャーニャー」はねこの鳴《な》く声《こえ》をうつしたことばです。

雨は「ザーザー」とふります。風《かぜ》は、「ヒューヒュー」とふきます。「ザーザー」は雨のふる音、「ヒューヒュー」は風《かぜ》のふく音をうつしたことばです。

小さな石は「コロコロ」ころがります。大きな石は「ゴロゴロ」ころがります。「コロコロ」か「ゴロゴロ」かで、ころがる石の大きさがわかります。

「ヒューヒュー」ふく風《かぜ》と「ビュービュー」ふく風《かぜ》は、どちらが強《つよ》いですか。「ピューピュー」ふく風《かぜ》もあります。

ぐったり 弱《よわ》って体《からだ》の力がぬけ元《げん》気《き》がないようす。れい 夏《なつ》のあつさで、草木が**ぐったり**している。／妹《いもうと》は、ねつが出て**ぐったり**している。

ぐんぐん いきおいよくすすむようす。また、はやくすすむようす。ずんずん。れい 妹《いもうと》は**ぐんぐん**せいがのびている。

けたたましい きゅうに、びっくりするような大きな音や声《こえ》がするようす。そうぞうしい。やかましい。れい「火じだ！」という**けたたましい**声《こえ》がした。／しょうぼう車の**けたたましい**サイレンの音が聞《き》こえてきた。

心《こころ》おきなく 気をつかうことがないようす。心《しん》ぱいしないで。えんりょしないで。れい 長《なが》い休みには、**心《こころ》おきなく**自《じ》分《ぶん》のすきなことができる。／おばあちゃんが赤ちゃんを見てくれるので、お母《かあ》さんは**心《こころ》おきなく**出かけられる。

こんもり 土などが丸《まる》く少《すこ》しもり上がっているようす。また、あたりがうすぐらく見えるほど、木や草がおいしげっているようす。れい **こんもり**としたおかの上に教《きょう》会《かい》が立っている。／遠《とお》くに、**こんもり**としたおみやの森が見える。

さぞ

きっと。どんなにか。

れい 外《そと》は**さぞ**さむかったでしょう。／犬がしんでしまって、**さぞ**かなしいことでしょう。

さっそく

ぐずぐずしないで、すばやくするようす。すぐに。

れい 新《あたら》しい店《みせ》ができたので、**さっそく**行《い》ってみよう。／けっしんがついたら、**さっそく**じっこうしましょう。

しげしげと

じっと見つめるようす。また、一つのことをなんどもするようす。たびたび。

れい どこかで会《あ》ったことがある人かと、**しげしげと**顔《かお》を見つめた。／このごろ弟《おとうと》は、**しげしげと**図書《としょ》かんに通《かよ》っている。

しつれい

①人とのつきあいでしなければならないことを、まもっていないこと。**れい** 人の名前《なまえ》をまちがえるのは**しつれい**だ。②人とわかれること。**れい** すぐに**しつれい**します。③あやまるときやわかれるときに言《い》うことば。**れい**「どうも**しつれい**。」

コラム

音にせことば

さくらの花びらが「はらはら」ちっています。小さな川にきれいな水が「さらさら」ながれています。花びらがちるときやきれいな水がながれるときに音がするとしたら、「はらはら」や「さらさら」だろう…。このように考《かんが》えて、ようすをあらわすことばの「はらはら」「さらさら」ができました。

のんびりゆっくりと歩《ある》くのは「ぶらぶら」、赤ちゃんは「よちよち」。「すたすた」歩《ある》く人もいますね。

しぶしぶ　いやだと思《おも》いながらするようす。いやいや。**れい** ゲームをしていた弟《おとうと》は、お母《かあ》さんにたのまれて**しぶしぶ**おつかいに行《い》った。

親《しん》あいなる　したしみやあいじょうをかんじているようす。**れい** 「**親《しん》あいなる**みなさん、お元気《げんき》ですか。」

すいすい　気もちよさそうにじゆうにすすむようす。また、ものごとがちょうしよくすすむようす。**れい** 小川に、めだかが**すいすい**とおよいでいる。／べんきょうが**すいすい**とはかどる。

すくすく　元気《げんき》に、いきおいよくそだつようす。ぐんぐん。**れい** 赤ちゃんは、おちちをたくさんのんで**すくすく**そだっている。

すごすご　がっかりしたりしかられたりして、しょんぼりとそこをはなれるようす。**れい** しあいにまけて、みんな**すごすごと**帰《かえ》った。

すっとんきょう　とつぜん、ちょうしのはずれた声《こえ》を出したり、おかしなことを言《い》ったりするようす。**れい** じゅぎょう中に、たけしくんが**すっとんきょう**な声《こえ》を出したので、みんなおどろいた。

せっかく ①人のためにわざわざするようす。**れい** せっかくたずねてきてくれたのに、るすにしていてすみませんでした。②めったにないことなのでだいじなようす。**れい** せっかくの休みなのに、かぜで一日じゅうねていた。

せっせと 休まずいっしょうけんめいにするようす。**れい** お母《かあ》さんは、せっせと遠足《えんそく》のおべんとうを作《つく》っている。

たいそう ①ていどが高《たか》いようす。ひじょうに。**れい** 大ぶつさまはたいそう大きかった。②きぼが大きいようす。また、大げさなようす。**れい** かれの家《いえ》は、たいそうな作《つく》りだ。／ひろしくんは、自分《じぶん》のことを何《なん》でもたいそうに言《い》う。

コラム ま上・ま水の「ま」

「ま上」は、まっすぐ上。「ま下」は、まっすぐ下。「まん前《まえ》」は、まっすぐ前《まえ》。「ま後《うし》ろ」は、まっすぐ後《うし》ろ。

「ま水」は、さとうやしおなどがまじっていない水。「まっ赤《か》」は、ほかの色《いろ》がまじっていない赤。「ま新《あたら》しい」は、本当《ほんとう》に新《あたら》しい。「ま正直《しょうじき》」は、本《ほん》当《とう》に正直《しょうじき》だ。

▼このように、「ま」は、「まっすぐ・ちょうど」「まじっていない」「本当《ほんとう》に」などのいみをつけくわえます。「まっ赤《か》」「まん前《まえ》」のように、「まっ」「まん」の形《かたち》になることもあります。

たくましい ①体《からだ》がしっかりしていて、強《つよ》そうなようす。力があふれているようす。②くじけないでがんばっているようす。**れい** のらねこが**たくましく**生きている。

ためいきまじり ためいきをしながら、ものごとをするようす。がっかりした気もちをもちながら。**れい**「れんしゅうをがんばっているのにちっともタイムがよくならないの。」と、お姉《ねえ》さんは**ためいきまじり**に言《い》った。

ためしに けっかを考《かんが》えずにまずやってみるようす。こころみるようす。**れい** うまくいくかどうか、**ためしに**やってみよう。

ちやほや きげんをとったりあまやかしたりして、あいてをいい気にさせるようす。**れい** **ちやほや**されてそだつと、わがままになりやすい。／**ちやほや**されていい気になる。

つい ①よく考《かんが》えないで、思《おも》わずしてしまうようす。うっかり。**れい** ないしょの話《はなし》だといわれていたのに、**つい**人にしゃべってしまった。②時間《じかん》やきょりが近《ちか》いようす。ほんの。**れい** あのおきゃくさんなら、**つい**さっき帰《かえ》ったばかりだ。／コンビニなら、**つい**目とはなの先（きょりがたいへん近《ちか》い場《ば》しょ）にあります。

手《て》あらい　あつかい方《かた》がらんぼうなようす。あらあらしい。**れい** サッカーで、ゴールをきめたせんしゅを、ほかのせんしゅが体《からだ》をたたいたりして**手《て》あらく**ほめたたえた。

とっぷり　日がすっかりくれるようす。**れい** 外《そと》であそんでいて気がつくと、日が**とっぷり**くれていた。

とてつもない　ふつうでは考《かんが》えられないようす。

とぶように　まるで空をとんでいるようにはやいようす。**れい** 新《あたら》しいゲームのはつ売《ばい》日に、明《あきら》くんは**とぶように**おもちゃやへ走《はし》って行《い》った。／やす売《う》りのさんまが**とぶように**売《う》れた。

とんでもない　思《おも》いがけないようす。まったくありえないようす。**れい** 交通《こうつう》じこにあって、**とんでもない**さいなんだった。／「**とんでもない**。わたしにそんなことはできません。」

なんぎ　①むずかしくてめんどうなこと。**れい** しょう売《ばい》にしっぱいして、家《か》ぞくに**なんぎ**をかけた。②くるしいこと。くろうすること。**れい** **なんぎ**なことに、雪《ゆき》だけでなく風《かぜ》も強《つよ》まってきた。

ぬくぬくと　①あたたかくて気もちのいいようす。**れい** こたつで**ぬくぬくと**あたたまる。②のんびりと楽《らく》をしているようす。**れい** かれは金もちの家《いえ》に生まれて、**ぬくぬくと**くらす。

のっそり　どうさがゆっくりしているようす。**れい**　ぞうが**のっそり**歩《ある》いている。

ばかに　ふつうでないようす。ひじょうに。ひどく。**れい**　このごろは**ばかに**雨の日が多《おお》いね。／ゆうたさんは、**ばかに**ていねいなことばづかいをする。

ぴくりとも　体《からだ》のほんの小さなうごきも。**れい**　よくねむっている妹《いもうと》は**ぴくりとも**うごかない。▼「ぴくり」は、体《からだ》がごくみじかい時間《じかん》、ほんの少《すこ》しうごくようす。ひくり。

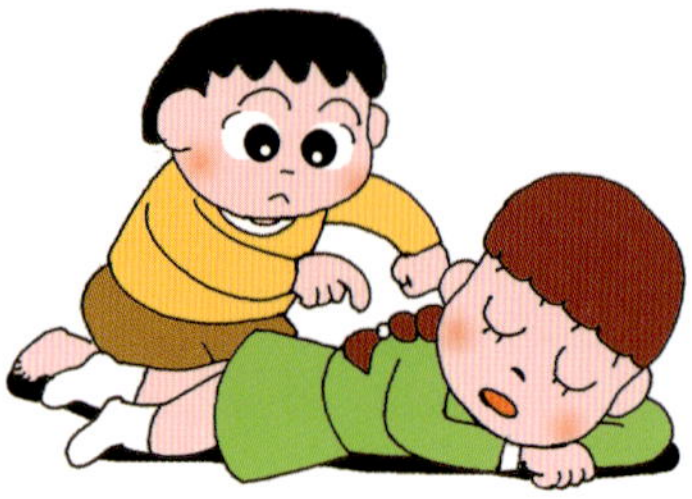

ひょっこり　きゅうにあらわれるようす。また、思《おも》いがけなくあらわれるようす。**れい**　となり町にすんでいるお兄《にい》さんが、**ひょっこり**顔《かお》を見せた。

ひょっとして　もしかして。**れい**　**ひょっとして**さいふをおとしたかと思《おも》ったが、かばんの中にあった。

ふきっさらし　おおうものがなく、じかに風《かぜ》があたること。また、その場《ば》しょ。**れい**　町をはずれると、田んぼの中の**ふきっさらし**の道《みち》がつづく。▼「ふきさらし」を強《つよ》めていうことば。

ぶじ 心《しん》ぱいするようなことが何《なに》もなく、おだやかなこと。**れい** 遠《えん》足《そく》も**ぶじ**におわった。／**ぶじ**でなによりです。

ふしあわせ しあわせでないこと。ふこう。**れい** **ふしあわせ**なみの上の女の子。

ほっとする きんちょうがとけて、あん心《しん》するようす。**れい** 山のぼりに行《い》ったお父《とう》さんがぶじに帰《かえ》ってきたので、**ほっとした**。
▼ためいきをつくことから。

まじまじ じっとみつめるようす。**れい** ハロウィンのかそうをした子どもを、**まじまじ**と見つめた。

丸丸《まるまる》 ①丸《まる》く見えるように、よく太《ふと》っているようす。**れい** **丸丸《まるまる》**としたねこの赤ちゃん。②すっかりぜんぶ。**れい** しごとに**丸丸《まるまる》**三日かかった。

まんまと ものごとがとてもうまくいくようす。もののみごとに。うまいぐあいに。**れい** 友《とも》だちに、**まんまと**だまされた。

みがる 体《からだ》のうごきがかるいこと。気がかりなことがなくて、らくなこと。**れい** **みがる**なふくそうで出かける。／お姉《ねえ》さんはどくしんで、だれにも気をつかわなくていい**みがる**なたちばだ。

見《み》る見《み》る ようすが、見ているうちにどんどんかわるようす。

れい ふりはじめた雪《ゆき》が、見《み》る見《み》るふりつもった。

見《み》わたすかぎりの 目のとどくところずっとつづいている。

れい 山は見わたすかぎりのさくらの花だ。

めったやたら あとさきを考《かんが》えないでするようす。むやみに。むちゃくちゃに。

れい お父《とう》さんのことばにはらをたてた弟《おとうと》は、めったやたらにものをなげつけた。／それについてはよく知《し》らないので、めったやたらなことは言《い》えない。

やさしい ①おだやかでおとなしいようす。思《おも》いやりがあるようす。

れい よし子さんは、気立てのやさしい人だ。／小さい子にやさしくしてあげる。②上《じょう》ひんでうつくしいようす。

れい やさしい顔《かお》をした人形《にんぎょう》。

よろこびいさんで うれしさに心《こころ》がふるい立《た》って。

れい ももたろうは、よろこびいさんでおにたいじにでかけた。

わくわくする うれしさやきたいで心《こころ》がおちつかない。

れい 明《あ》日《す》のしあいのことを考《かんが》えるとわくわくする。

⑤ きまった言《い》い方《かた》をすることば

小さい声《こえ》や音《おと》をよく聞《き》こうとするときは「耳をすます」といいます。がまんするときは「はを食《く》いしばる」といいます。頭《あたま》を強《つよ》くぶつけると「目から火が出る」、とてもおどろいて目を大きく見ひらくときには「目を丸《まる》くする」といいます。いそぐときに走《はし》って「いきを切《き》らす」、お友《とも》だちと「かたをならべる」。

「どうすることか」「どんなようすか」、きまった言《い》い方《かた》をすることばのいみをたしかめましょう

ことばはアイウエオじゅんにならんでいます。
いちばん上にある「あっーいき」などは、そのページのさいしょとさいごのことばのはじめの２字をしめしています。

あっけにとられる　思《おも》ってもいないようなことに出会《であ》い、おどろきあきれる。**れい**　ライトへフライをうち上げたひろしくんが、三るいへむかって走《はし》り出したのでみんな**あっけにとられた**。▼「あっけ」は、おどろきあきれること。

当《あ》てにできない　人がら・行《こう》どう・考《かんが》えなどを、しんじることができない。たよりにできない。**れい**　あの人はいいかげんで、**当《あ》てにできない**。▼「当《あ》て」は、たよること。しんじること。

あれよあれよという間《ま》に　ものごとがどんどんすすんでしまうのに、何《なに》もできずにいるうちに。**れい**　バスの中でぼんやりしていたら、おりるていりゅうじょが**あれよあれよという間《ま》に**すぎさってしまった。

言《い》うことを聞《き》かない　人のちゅういやめいれいを聞《き》こうとしない。思《おも》い通《どお》りにうごかない。**れい**　弟《おとうと》は、お母《かあ》さんに「**言《い》うことを聞《き》かない**とだめよ。」と言《い》われた。／おじいさんは、「年のせいか体《からだ》が**言《い》うことを聞《き》かない**。」といつもなげいている。

いきを切《き》らす　こきゅうをするのがくるしくて、ぜいぜいする。**れい**　妹《いもうと》が、ぼくのわすれものをもって、**いきを切《き》らし**ておいかけてきた。

うなりを立《た》てる ひくいけれど、おなかにひびくような声《こえ》や音を立てる。うなりを上げる。 **れい** あらしで、なみが**うなりを立てる**。

顔《かお》を見合《みあ》わせる 同《おな》じ考《かんが》えがうかんだのをたしかめたりするために、おたがいにあいての顔《かお》を見る。 **れい** いけんが合《あ》った友《とも》だちと、思《おも》わず**顔《かお》を見合《みあ》わせ**た。

かたをならべる ①ならんで立つ。また、ならんで歩《ある》く。 **れい** 高《たか》いビルが**かたをならべる**大とかい。②力がおなじくらいである。 **れい** かれはチャンピオンと**かたをならべる**強《つよ》さだ。

かっとなる いかりの気もちがきゅうにわいてくる。きゅうにおこり出す。 **れい** いけんがむしされたので、ぼくは**かっとなっ**て、いすをけってしまった。

体《からだ》がもたない 体力《たいりょく》がつづかない。 **れい** そんなにはげしいれんしゅうをしていたら、**体《からだ》がもたない**よ。

ぎくりとする きゅうにおどろいたりおそれたりして、どきりとする。ぎくっとする。 **れい** 友《とも》だちにうそをみやぶられそうになって、**ぎくりとし**た。▼手足のかんせつをいためることもいう。

きばをむく　どうぶつが、てきにたいしてこうげきしようという気もちを見せる。**れい**　ライオンが**きばをむい**てしま馬《うま》におそいかかった。

きもをつぶす　考《かんが》えてもいなかったことがおこって、びっくりする。**れい**　とつぜん後《うし》ろからかたをたたかれて、**きもをつぶし**た。▼「きも」は心《こころ》のはたらき。

気《き》をうしなう　いしきをなくす。気ぜつする。**れい**　ボールが頭《あたま》に当《あ》たって、**気をうしなっ**た。

気《き》をつかう　あいてのことを思《おも》って行《こう》どうする。**れい**　まわりの人に**気をつかっ**て、小さい声《こえ》で話《はな》す。

口《くち》をぎゅっとむすぶ　口をかたくとじる。**れい**　かなしい話《はなし》に、**口をぎゅっとむすん**でなみだをこらえる。▼「むすぶ」は、口をとじる。

首《くび》をちぢめる　首《くび》をひっこめる。おそれいったりこまったりした気もちをあらわす。**れい**　先生におこられて、**首《くび》をちぢめる**。

けっそうをかえる　おどろきやいかりなどで、きゅうに顔色《かおいろ》や顔《かお》つきがかわる。**れい**　お父《とう》さんが会社《かいしゃ》でたおれたと聞《き》いて、お母《かあ》さんは**けっそうをかえ**てとび出した。▼「けっそう」は、気もちがあらわれた顔《かお》のようす。

心《こころ》がうごく ①ほしいと思《おも》う。**れい** ごうかなけんしょうのしょうひんに**心《こころ》がうごい**た。②気もちがひかれる。**れい** うつくしいピアノのえんそうに、**心《こころ》がうごく**。

心《こころ》をこめる まごころをもってする。あいてを思《おも》う気もちを中にこめる。**れい** お母《かあ》さんが**心《こころ》をこめて**作《つく》ってくれたたん生日のりょうりをいただく。

したうちをする いやなことや、思《おも》うようにならないこと、くやしいことなどがあったときに、したを「ちっ！」とならす。**れい** ぼくは、バスにのりおくれて思《おも》わず**したうちをした**。

しりにほをかけて あわててにげ出すようす。**れい** うそがばれて、たけしくんは**しりにほをかけて**にげて行《い》った。▼おしりに、風《かぜ》で船《ふね》をうごかすほをはるいみから。

しんとする 音がなく、しずかなようす。**れい** 休みの日の学校は、**しんとして**いた。▼「しーんとする」ともいう。

たじたじとなる あいてのいきおいや力にかなわない気がして、何《なに》もできなくなる。**れい** けいかくをお父《とう》さんに強《つよ》くはんたいされて、ぼくは**たじたじとなっ**てしまった。

ためしがない 同《おな》じようなことが、これまでにおこったことがないようす。**れい** あの人は、やくそくをまもった**ためしがない**。▼「ためし」は、これまでにあったこと。

つばをのみこむ このあとどうなるかが気になり、どきどきする。また、そのものを食《た》べたりのんだりしたい気もちがあらわれる。**れい** お父《とう》さんとお母《かあ》さんは、妹《いもうと》のピアノえんそうを、**つばをのみこん**で聞《き》いていた。▼「つばをのむ」「かたずをのむ」ともいう。

時《とき》がたつ 時間《じかん》がすすむ。**れい** すきなことをしていたら、あっという間《ま》に**時《とき》がたっ**てしまった。

年《とし》をとる 年《ねん》れいがふえる。また、年よりになる。**れい** たんじょう日がきたので、ひとつ**年をとっ**た。／**年をとっ**た人には親切《しんせつ》にしたい。

何《なん》と…か おどろいたり、ほめたりするときに言《い》うことば。**れい** **何《なん》と**うつくしい鳥だろう**か**。／**何《なん》と**うれしいこと**か**。

…にかぎって 人やものをとくべつに言《い》いあらわす。「…だけは」「…ばかり」といういみ。**れい** うちの子**にかぎって**、そんなことをするはずがない。

ねむりにおちる すぐにふかいねむりに入る。**れい** つかれたのか、すぐ**ねむりにおち**てしまった。

はを食《く》いしばる　上下のはを強《つよ》くかみ合《あ》わせることで、くるしさやつらさをぐっとがまんするようす。れい きびしいれんしゅうに、**はを食《く》いしばって**ついていく。

一声《ひとこえ》かける　あいてにちょっと話《はな》しかける。れい るすにするときは、となりに**一声《ひとこえ》かけ**ていく。

ひとふでで書《か》く　ふでの先を紙《かみ》から一どもはなすことなく、一気に書《か》く。れい 先生は、大きな紙《かみ》にお手本の字を**ひとふでで書《か》いた**。

ひょっとして…かもしれない　もしかしたら、…かもしれない。れい あの人は、**ひょっとして**来《こ》ない**かもしれない**。▼「ひょっとすると」「ひょっとしたら」ともいう。

コラム　おくりがな

かん字の読《よ》み方《かた》がわかるように、かん字の後《あと》につけるかなを、「おくりがな」といいます。「先生」の「生」の字は、「いきる」「うまれる」「はえる」などということばにもつかうことができます。

しかし、「いきる」も「うまれる」も「はえる」もすべて「生る」と書《か》くと、「生る」をどう読《よ》むのかわからなくなります。そこで読《よ》み方《かた》がわかるように、「生きる」「生まれる」「生える」と書《か》きます。

その「きる」「まれる」「える」がおくりがなです。

ほうっておく　何《なに》もしないで、そのままにしておく。**れい**　そんなにがみがみ言《い》わないで、**ほうっておい**てください。

ほおをゆるめる　あんしんして、おだやかにわらう。うれしい気もちになり、わらう。**れい**　おばあさんは、赤んぼうをだっこして**ほおをゆるめ**た。

耳《みみ》をすます　よく聞《き》こうとして、しんけいをしゅうちゅうする。気をつけて聞《き》く。**れい**　**耳をすまし**て虫の音《ね》を聞《き》く。

みをかくす　見つからないようにかくれる。**れい**　てきから**みをかくす**。▼「み」は自分《じぶん》の体《からだ》。

みをつける　しょくぶつに、みがなる。**れい**　このりんごの木は、秋《あき》になると、大きくてまっ赤《か》な**みをつける**。▼「み」はしょくぶつのみ。

目《め》がさめるよう　すばらしさやはなやかさが、ねむけがなくなるほどすばらしいようす。**れい**　**目がさめるよう**にうつくしい山のけしきにみとれる。

目《め》から火《ひ》が出《で》る 頭《あたま》や顔《かお》を強《つよ》くぶつけて、くらくらするようす。**れい** よそ見をしていて電《でん》ちゅうにぶつかり、**目から火が出**た。

目《め》をこする 手で目をくりかえしかく。ねむいのをがまんするときやものがよく見えないときなどにする。**れい** かゆくて**目をこする**。／ねむい**目をこすり**ながらおきてきた。

目《め》を細《ほそ》くする うれしそうににっこりわらう。**れい** おじいさんは、**目を細《ほそ》くし**てまごをだきあげた。▼わらうと目が細《ほそ》くなることから。「目を細《ほそ》める」ともいう。

目《め》を丸《まる》くする びっくりして、目を大きくひらく。**れい** ようちえんの子どもたちがえいごを上《じょう》手《ず》に話《はな》したので、みんなは**目を丸《まる》くし**た。

目《め》を見《み》はる あまりのすばらしさにおどろいて、目を大きくひらく。**れい** **目を見はる**ようなすばらしいえんぎに、大きなはくしゅがおくられた。

やきもちをやく ほかの人が自分《じぶん》よりめぐまれていたりすぐれていたりするのを、うらやましく、また、にくらしく思《おも》う。ねたむ。**れい** 妹《いもうと》のほうがかわいがられているので、**やきもちをやい**てしまう。▼ねたむことを「やく」と言《い》うので、「もち」をつけて言《い》ったことば。「やきもち」は、やいたもち。

ゆめがかなう　きぼうやねがいごとが、そのとおりになる。

れい お姉《ねえ》さんは、学校の先生になるという**ゆめがかなった**。

▼「かなう」はじつげんする。

わるさをする　よくない行《おこな》いをする。

れい はたけの作《さく》もつに**わるさをする**どうぶつがふえて、のうかの人がこまっている。

▼「わるさ」は、人をこまらせたり、めいわくをかけたりすること。

コラム

点《てん》（、）丸《まる》（。）かぎ（「」）

わたしは、学校に行《い》くときに、おとなりのおばさんに会《あ》いました。

「おはようございます。」

と、大きな声《こえ》で、あいさつをしました。

点《てん》は、文を読《よ》みやすくするために、文のとちゅうでいみをくぎるところにつけるしるしです。読《よ》むときには、そこでちょっと休《やす》んで、いきをします。

丸《まる》は、文のおわりにつけて、文と文をくべつするしるしです。読《よ》むときには、そこでもいきをします。

かぎは、話《はな》したことばを書《か》くときにつけるしるしです。

点《てん》は、すぐ下のことばにつながらないときや、つなぎことばにつけます。

- 大きな、赤い花がさいています。
- では、はじめましょう。

かぎは、ことばを目立つようにするときにもつけます。

これは、「からすのえんどう」という草です。よくにた「すずめのえんどう」というのもあります。スイートピーのような花がさきます。

❻ つなぎことば

（一）「だから」のなかま

後《うし》ろの文のわけを前《まえ》の文《ぶん》で言《い》う。

● 雨がふっています。だから、家《いえ》にいます。
● ノックしました。すると、戸《と》があきました。
● ねつがあります。そこで、早くねました。
● 明日《あす》は遠足《えんそく》です。ですから、早おきします。

（二）「けれども」のなかま

前《まえ》の文とはんたいのことを後《うし》ろの文で言《い》う。

● あついです。けれども、のみ水がありません。
● つかれました。それでも、まだがんばります。
● 外《そと》であそびたいです。でも、雨ふりです。
● 電話《でんわ》しました。ところが、るすでした。

（三）「そして」のなかま

前《まえ》の文に後《うし》ろの文をつけ足す。

● 雨がふっています。そして、風《かぜ》もふいてきました。
● パンを食《た》べました。それから、くだものを食《た》べました。
● いろいろな花のたねをまきました。こうして、花ばたけができました。

（四）「さて」のなかま

前《まえ》の文とべつのことを後《うし》ろの文で言《い》う。

● 休みがおわりました。さて、明日《あす》から学校です。
● 日がくれました。ところで、夕食《ゆうしょく》は何《なん》ですか？

（五）「つまり」のなかま

前《まえ》の文を後《うし》ろの文でまとめる。

● お父《とう》さんは外《そと》でしごと、お母《かあ》さんは買《か》いもの、つまり、いま家《いえ》にはぼくひとりです。

❼ みん話《わ》のことば

むかしからその場《ば》しょの人びとにだいじにされ、語《かた》りつたえられてきた話《はなし》がみん話《わ》です。ですから、むかしのことばや、その地方《ちほう》のことば、また、話《はな》すときにつかわれることばがたくさん出てきます。

- ●じいさまとばあさまがありました。
  ↓おじいさんとおばあさんがいました。
- ●ありゃせんのう
  ↓ありはしないなあ
- ●ええがのう
  ↓よいのだがなあ
- ●おったと
  ↓いたということだ
- ●おつむ
  ↓頭《あたま》
- ●くだされ
  ↓ください

- ●来《く》るでのう
  ↓来《く》るからね
- ●げな
  ↓らしい
- ●ござらっしゃる
  ↓いらっしゃる
- ●ざんざら
  ↓ざざっと・手早く
- ●しばかり
  ↓たきぎあつめ　▼「しば」は山にある小さい木。
- ●じゃが
  ↓だが
- ●ずんがずんが
  ↓どんどん
- ●そうな
  ↓そうだ
- ●にげたっちゅう
  ↓にげたという

●長《ちょう》じゃどん
➡長《ちょう》じゃさま　▼「長じゃ」は大金もち。

●どうじゃろう
➡どうだろう

●とんと
➡まったく

●とっぷり
➡すっかり

●とんぼり
➡とぼとぼ

●なんぞ
➡なにか

●ほんにのう
➡ほんとになあ

●ゆくがゆくが行《い》くと
➡どんどんどん行《い》くと

●わかいしゅ
➡わかい人たち。

コラム　お話《はなし》とせつ明《めい》文

読《よ》みものを大きく分けると、「お話《はなし》」と「せつ明《めい》文」になります。

お話《はなし》は、「かさこじぞう」「大きなかぶ」のように、だれがどうして、どうなって、どうしたと、心《こころ》にひびくように書《か》かれた読《よ》みものです。「だれが」に当《あ》たるのは人だけでなく、たぬきやきつねやうさぎやぶたやおおかみのようなどうぶつや、おにやかみさまのようにじっさいにはいないものになることがあります。

せつ明《めい》文は、「じどうしゃくらべ」「どうぶつの赤ちゃん」のように、何《なに》がどんなものかをわかりやすく書《か》いた読《よ》みものです。

まみむめも

やゆよわ

たちつてと

なにぬねの

はひふほ

さくいん

このさくいんは、本文の①から⑦でせつめいしてあることばと、口絵《くちえ》やコラムでせつめいしてあることばをアイウエオじゅんにならべ、そのことばが出ているページ数《すう》をしめしてあります。なお、* がついていることばは、口絵《くちえ》やコラムにせつめいがあるものです。

あいうえお

■監修
田近洵一（東京学芸大学名誉教授）
宮腰　賢（東京学芸大学名誉教授）

■原稿執筆
宮腰　賢（東京学芸大学名誉教授）
牛山　恵（都留文科大学名誉教授）

■写真提供　フォトライブラリー
■デザイン・装丁・DTP　株式会社クリエイティブ・ノア
■イラスト・キャラクター　株式会社クリエイティブ・ノア（黒木 ひとみ、寺崎 由美子、長谷部 徹 、もちつき かつみ、吉田 健二）
■企画・制作　株式会社啓友社

教科書がよくわかる つまずきことば図解辞典① 小学１・２年生

2016年3月25日　第1刷発行

監修　田近洵一・宮腰　賢
発行者　玉越直人
発行所　WAVE出版
〒102-0074　東京都千代田区九段南4-7-15
TEL　03-3261-3713　FAX03-3261-3823
振替　00100-7-366376
E-mail：info@wave-publishers.co.jp　http://www.wave-publishers.co.jp
印刷・製本　図書印刷

NDC813 64p ISBN 978-4-87290-882-4